Sina Nuêmo

Horoskopdeutung für die Schwester

Sina Nuêmo

Horoskopdeutung für die Schwester

Am Ausgleichen interessiert

Goldene Rakete Verlag für Belletristik

Imprint

Cover image: www.ingimage.com

Publisher:
Goldene Rakete Verlag für Belletristik
is a trademark of
International Book Market Service Ltd., member of OmniScriptum Publishing Group
17 Meldrum Street, Beau Bassin 71504, Mauritius

Printed at: see last page
ISBN: 978-620-2-44447-7

Inhaltsverzeichnis[1]:

I. Psychologischer Grundtyp .... S. 5

i. Denktyp .... S. 5

II. Erscheinungsbild .... S. 6

i. Ein offenes und kontaktfreudiges Auftreten .... S. 6

ii. Sprache als spontanes Ausdrucksmittel .... S. 7

iii. Mit Charme und Liebenswürdigkeit .... S. 8

iv. Ein Erscheinungsbild mit Überraschungen .... S. 9

III. Gesellschaftliche und berufliche Zielvorstellungen .... S. 10

i. Unabhängigkeit, Außergewöhnliches und Teamgeist .... S. 10

ii. Mentale Fähigkeiten im Beruf .... S. 11

iii. Eine Aufforderung zur Hingabe .... S. 12

IV. Wesenskern und Wille .... S. 13

i. Der Lebensweg als stilvolles Kunstwerk .... S. 13

ii. Freie Bahn für Ihre Kreativität .... S. 14

iii. Wollen und Fühlen im Einklang .... S. 15

iv. Dilemma zwischen Wollen und Handeln .... S. 16

v. Der Sinn nach Größerem .... S. 17

vi. Der Anspruch auf eine perfekte Lebensgestaltung .... S. 18

V. Gefühle und Temperament .... S. 19

i. Großzügig und begeisterungsfähig .... S. 19

ii. Das Bedürfnis nach einem wohltuenden Alltag .... S. 20

iii. Tiefe Gefühle sind nicht immer angenehm .... S. 21

[1] Vgl. Anita Cortesi und V*S, Text, Horoskop und Deutung.

VI. Kommunikation und Denken .... S. 22
i. Am Ausgleichen interessiert .... S. 22
ii. Zuhörer gesucht .... S. 23
iii. Gespräche mit Charme .... S. 24
iv. Zu großzügigem Denken befähigt .... S. 25
v. Hohe Anforderungen an Denken und Sprechen .... S. 26
vi. Zuhause im Reich der Ideen und Vorstellungen .... S. 27

VII. Beziehung und Ästhetik .... S. 28
i. Gemeinsamkeit in Liebe und Harmonie .... S. 28
ii. Partnerschaft soll sich im Alltag bewähren .... S. 29
iii. Ein unbeschwerter Umgang zwischen Mann und Frau .... S. 30
iv. Vertrauen in das Gute im Mitmenschen .... S. 31
v. Partnerschaft mit Anregung .... S. 32
vi. Der Traum vom großen Glück .... S. 33

VIII. Handlung und Durchsetzung .... S. 34
i. Sich mit Gefühl durchsetzen .... S. 34
ii. Spontane Durchsetzung ist gefragt .... S. 35
iii. Mit Vollgas voran .... S. 36
iv. Handlungsimpuls und Verantwortungsbewusstsein .... S. 37
v. Durchsetzung mit Einfühlungsvermögen .... S. 38
vi. Tatkraft mit Leidenschaft .... S. 39

IX. Die Suche nach Sinn und Wachstum .... S. 40
i. Der Glaube an das Gute .... S. 40
ii. Partnerschaft regt zum Wachstum an .... S. 41
iii. Der Wunsch, alles Schwere abzustreifen .... S. 42

X. Die Suche nach Struktur und Ordnung .... S. 43
i. Die Pflicht, ein biegsames Rückgrat zu entwickeln .... S. 43
ii. Die Forderung, mit den Risiken des Lebens umzugehen ...... S. 44
iii. Zwischen Traum und Wirklichkeit .... S. 45
iv. Sicherheit aus dem Dunklen schöpfen .... S. 46

XI. Das Bedürfnis nach Veränderung .... S. 47
i. In einem feurigen und herrischen Zeitgeist geboren .... S. 47
ii. Das private und familiäre Umfeld im Aufbruch .... S. 48

XII. Die Sehnsucht nach Auflösung und Hingabe .... S. 49
i. Kollektive Idealisierung des Dunklen .... S. 49
ii. Feinfühlig in der Arbeit .... S. 50

XIII. Die dunkle Seite .... S. 51
i. Mit Macht von Vernunft und Sachlichkeit .... S. 51
ii. Das zwingende Bedürfnis nach Geborgenheit .... S. 52
iii. Die Aufforderung, zur eigenen Macht zu stehen .... S. 53

XIV. Mondknotenachse – Eine Lebensaufgabe .... S. 54
i. Zwischen Gegensätzen ein Gleichgewicht finden .... S. 54

XV. Chiron – Der verwundete Heiler .... S. 55
i. Freiheit ist ein heikles Thema .... S. 55
ii. Verletzlich im gesellschaftlichen und beruflichen Bereich ...... S. 56
iii. Verletzlich sein ermöglicht Nähe und Herzenswärme .... S. 57
iv. Nicht alles zu wissen, schafft Raum für intuitives Denken ... S. 58
v. Verletzlichkeit als Basis für eine tiefe Liebe .... S. 59
vi. Schwächen der eigenen Handlungsunfähigkeit annehmen ... S. 60

vii. Sich mit der Unvollkommenheit des Lebens aussöhnen ...... S. 61
viii. Versöhnung zwischen dem Irdischen und dem Geistigen ...... S. 62
ix. Getrenntsein akzeptieren .... S. 63
x. Mit dem Dunklen Freundschaft schließen .... S. 64

XVI. Lilith – Die weibliche Kraft der Seele .... S. 65
i. Im Herzen ein Kind auf dem Weg zur reifen Frau .... S. 65
ii. Bedürfnis, sich in die materielle Welt einzugeben .... S. 66
iii. Abgrund zwischen Intellekt und Gefühlstiefe überbrücken ... S. 67
iv. Ein ernster und schwermütiger Wesenszug .... S. 68
v. Ein Sog nach innen .... S. 69

I. Psychologischer Grundtyp

i. Denktyp

Aufgrund Ihres Geburtsbildes sind Sie vorwiegend ein Denktyp, d. h. Sie sind grundsätzlich objektiv, kontaktfreudig und geistig flexibel. Sie schätzen Ihr Denkvermögen und setzen es aktiv ein. In der Welt der Ideen sind Sie zu Hause; vermutlich haben Sie eine Art vorgefasstes Ideensystem, das Sie sich aus Gesprächen, Büchern und eigenen Gedanken aufgebaut haben. Neue Erfahrungen prüfen Sie auf ihre logische Struktur und ordnen sie dann in Ihr System ein. Möchten Sie für alles eine Erklärung? Vielleicht ist es für Sie wichtig, anzuerkennen, dass Sie nicht alles mit dem Verstand begreifen müssen, denn Sie neigen dazu, auch Irrationales wie zum Beispiel Gefühle in Ihr logisches System einordnen zu wollen. Dadurch bleiben Sie in zwischenmenschlichen Belangen oft auf Distanz, ohne es eigentlich zu beabsichtigen. Probleme auf der Gefühlsebene lassen sich kaum allein durch Überlegen lösen. Es fällt Ihnen eher schwer, dies zu akzeptieren und gefühlsmäßig eine Situation zu durchspüren und nicht nur aus emotionaler Distanz darüber zu reflektieren. Ihre persönliche Bildung ist Ihnen wichtig. Sie haben Sinn für Fairness, mögen Kultur und respektieren Strukturen und Systeme. Das Gespräch mit anderen nimmt eine zentrale Stellung in Ihrem Leben ein; Sie betrachten Sprache als eines der wichtigsten Ausdrucksmittel. Dadurch, dass Sie im Gespräch und Kontakt mit Ihren Mitmenschen sind und leidenschaftliche Verstrickungen oder allzu intensive Engagement vermeiden, wirken Sie harmonisch und ausgeglichen.

II. Erscheinungsbild

i. Ein offenes und kontaktfreudiges Auftreten

Sie wirken kontaktfreudig, anpassungsfähig und redegewandt. Sie sind vielseitig interessiert, was im Übermaß in Flatterhaftigkeit und Oberflächlichkeit ausarten kann. Sie haben das Aushängeschild eines „intellektuellen Typs" oder „Kulturmenschen". Das Leben fordert Sie immer wieder auf, Objektivität, Interesse, Flexibilität und die Fähigkeit, Kontakte anzuknüpfen, nicht nur als „Maske" nach außen zu zeigen, sondern zu Ihren inneren Qualitäten werden zu lassen. Indem Sie gleichsam die Rolle des Offenen und Kontaktfreudigen spielen, formen Sie Ihren Charakter in diese Richtung. Ein tieferes Interesse an den Dingen erwacht. Die Offenheit für alles erschwert einen klaren Standpunkt. Objektivität schließt eine persönliche Stellungnahme aus. So sind Sie zwar – extrem ausgedrückt – überall dabei, doch oft nur mit halbem Herzen. Der freie und fließende Umgang mit Information allein genügt nicht. Er fördert Ihre abstrakte, kühle und unverbindliche Seite. Positiv manifestieren sich diese Eigenschaften, wenn Sie bereit sind, sich auch mit Herz und Gefühl einzulassen, Stellung zu beziehen und das angeeignete Wissen sorgfältig zu handhaben. Sie gehen mit der Offenheit und Neugierde eines Kindes auf die Welt zu und sammeln – eventuell fast wahllos – Informationen. Da Sie vieles interessiert, fällt es Ihnen vermutlich nicht leicht, Schwerpunkte zu setzen. Durch Ihre Objektivität sehen Sie Vor- und Nachteile verschiedener Situationen; und Sie werden eine Entscheidung so lange als möglich offen lassen. Trotzdem müssen Sie irgendwann einmal Stellung beziehen. Dies auf eine Weise zu tun, die Ihnen ebenso wie Ihrer Umwelt wohl bekommt, dürfte sich immer wieder neu als Herausforderung herausstellen.

ii. Sprache als spontanes Ausdrucksmittel

Sprache, Denken, Lernen und ganz grundsätzlich die Wahrnehmung und Vermittlung von Umwelteindrücken scheint bei jedem Sich-Zeigen und Auf-die-Welt-Zugehen in vorderster Reihe zu stehen. Wie auch immer Sie auf andere wirken, aus dem Hintergrund meldet sich der mentale Teil Ihres Wesens und schaltet sich bei jeder Gelegenheit ein. So dürften Sie sich sprachlich gut zum Ausdruck bringen können und über eine beachtliche Redegewandtheit verfügen.

iii. Mit Charme und Liebenswürdigkeit

Treten Sie mit der Umwelt in Kontakt, so bringen Sie stets etwas Wohltuendes und Harmonisches in Ihr Verhalten. Auf andere wirken Sie friedliebend und ausgleichend, und auch Sie selber legen Wert auf ein ansprechendes Äußeres, beispielsweise schöne Kleidung oder liebenswürdige Umgangsformen. Bei sich und bei anderen messen Sie mit einem ästhetischen Maßstab und schätzen Schönheit vermutlich sehr.

iv. Ein Erscheinungsbild mit Überraschungen

Zu Ihrer spontanen Ausdrucksweise und Ihrem Erscheinungsbild gehört auch ein guter Schuss Individualismus. So wirken Sie eher unkonventionell und lieben es vermutlich auch, Ihre Umwelt immer wieder neu zu überraschen. Persönlicher Spielraum dürfte Ihnen wichtig sein, wobei es Ihnen auch ohne große Anstrengungen gelingen mag, sich das Leben entsprechend einzurichten.

III. Gesellschaftliche und berufliche Zielvorstellungen

i. Unabhängigkeit, Außergewöhnliches und Teamgeist

Sie zeigen an der Öffentlichkeit vor allem Ihre zukunftsorientierte und unkonventionelle Seite, stehen neuen Ideen offen gegenüber und fördern Zusammenarbeit und persönliche Freiheit. Auch Ihr Berufsleben ist von diesen Qualitäten gefärbt. Vermutlich macht es Ihnen Spaß, in einem Bereich tätig zu sein, der nicht den üblichen Normen entspricht, der mit zukunftsträchtigen Ideen und Forschung zu tun hat oder Ihnen viel Freiheit lässt. Sie legen Wert darauf, im Beruf ein selbständiges Individuum zu sein und nicht einer von vielen. Es dürfte Ihnen wichtig sein, eine Tätigkeit zu finden, die Ihr Wissen und Ihren Einfallsreichtum immer wieder aufs Neue herausfordert. Sie brauchen viel persönlichen Freiraum und die Möglichkeit, eigene Ideen einzubringen. Da Sie vermutlich den Beruf unter anderem auch als sozialen Beitrag an die Gesellschaft betrachten, möchten Sie mit Ihrer Tätigkeit Ihren Teil für ein größeres Kollektiv leisten. Ihre Arbeit soll aus einer umfassenderen Sicht einen sinnvollen Zweck erfüllen.

ii. Mentale Fähigkeiten im Beruf

Rhetorische und intellektuelle Fähigkeiten verstehen Sie unter anderem überall dort gut anzubringen, wo es um Beruf oder Berufung geht. Sie möchten gern Ihr Wissen einbringen, neue Informationen sammeln und weitergeben. Austausch im Gespräch, eventuell auch Handel liegen Ihnen besonders, und so dürften diese Qualitäten einen wichtigen Anteil an Ihrem Beruf ausmachen.

iii. Eine Aufforderung zur Hingabe

Zu Ihrem Beruf oder Berufung gehört etwas Grenzenloses, Allumfassendes, das mit All-Liebe umschrieben werden kann. Dieses überpersönliche Etwas schafft sich in Ihrem beruflichen Umfeld Ausdruck, beispielsweise durch eine große Hingabe, Einfühlsamkeit und Hilfsbereitschaft, aber auch durch verzerrtere Formen wie Chaos, Abgrenzungsschwierigkeiten oder Illusionen. Das Gemeinsame daran ist ein Zurücktreten des Ego, und so besteht denn auch die Schwierigkeit darin, weder eine zu passive, illusorische noch eine zu pragmatische oder allzu ehrgeizige Haltung einzunehmen, sondern sich mit der freudestrahlenden Hingabefähigkeit eines Franz von Assisi seinem Beruf und seiner Berufung zu widmen.

IV. Wesenskern und Wille

i. Der Lebensweg als stilvolles Kunstwerk

Im innersten streben Sie nach Gerechtigkeit, Harmonie und Frieden. Ihre taktvolle und umgängliche Art lässt Sie bei vielen beliebt sein. Es ist Ihr Anliegen, Konflikte aus der Welt zu schaffen. Dem Frieden zuliebe passen Sie sich an. Im Bestreben nach Harmonie übersehen Sie Ungereimtheiten. So halten Sie beispielsweise in einer Partnerschaft lange eine Scheinharmonie aufrecht, ohne klar Stellung zu beziehen. Sie haben stets Gemeinsames und Verbindendes hervor, Unterschiede nehmen Sie zu wenig zur Kenntnis. Im Bestreben, anderen zu gefallen, scheuen Sie sich, eigene Positionen klar zu äußern und passen sich zu sehr an. Indem Sie sich nicht offen zeigen, verunmöglichen Sie jedoch echte Beziehungen. Der andere findet Sie dann heuchlerisch und fade. Austausch von Wünschen und Problemen mit anderen bringen Ihnen mehr Klarheit über sich als langes Nachdenken. Entscheidungen fallen Ihnen nicht leicht. Wenn sie eins bejahen, müssen Sie anderes ablehnen, und Nein sagen fällt Ihnen ganz allgemein schwer. Sie sind Ästhet. Leben ohne Schönheit ist unvorstellbar. Sie wünschen sich ein Leben, schön und harmonisch wie eine Sinfonie. Sie legen Wert auf eine stilvoll eingerichtete Umgebung und schaffen eine solche mit viel Geschmack. Kultur ist Ihnen wichtig. Dunkles und Triebhaftes verabscheuen Sie wie Konfliktsituationen. Hier liegt die Klippe. Sie werden sehr oberflächlich. Sie verschließen die Augen vor Leid, Krieg, Depression, Krankheit und anderen „Unschönheiten“. Sie symbolisieren eine hochgezüchtete, edle, aber nicht unbedingt belastbare oder lebenstüchtige Rasse.

ii. Freie Bahn für Ihre Kreativität

Sie brauchen Publikum, dem Sie ein Leitbild sein möchten. Sie wollen Beachtung. Die Herausforderung besteht darin, nicht nur Aufmerksamkeit zu verlangen, sondern Ihren Zuschauern auch etwas zu bieten, um eine Mittelpunktstellung zu erreichen. Sie haben Anlagen zu einer verspielten Natur und brauchen vereinzelt Bereiche, wo Ihre spielerische und risikofreudige Seite zum Zuge kommt. Dies können Liebschaften, Theater, ein Umgang mit Kindern und Jugendlichen oder Abenteuer sein.

iii. Wollen und Fühlen im Einklang

Das männliche Willensprinzip steht in harmonischer Verbindung mit dem weiblichen Gefühlsprinzip. Sie sehen Vater und Mutter, Mann und Frau als unterschiedliche und sich ergänzende Wesen. Mit dieser Grundhaltung fallen Ihnen Beziehungen zum anderen Geschlecht relativ leicht. Wollen und Fühlen bilden ein ausgewogenes Gleichgewicht. Dies vermittelt Ihnen Menschlichkeit, Wärme und eine spontane und herzliche Ausstrahlung. Um Ihren Willen gezielt für ein Projekt einsetzen zu können, müssen Sie dieses auch gefühlsmäßig als richtig empfinden. Ist dies der Fall, so können Sie mit den vereinten Kräften von Wille und Gefühl Ihren Vorsatz in die Tat umsetzen. Sie handeln dann mit großer innerer Sicherheit und der Empfindung von „Richtigkeit" und wirken überzeugend und natürlich. Stures und mechanisches Vorgehen ist Ihnen eher fremd. Vieles geht Ihnen leicht von der Hand. Dies könnte Sie zu Bequemlichkeit verleiten. Gerade weil Ihre angeborene Fähigkeit, mit Menschen umzugehen, Ihnen selbstverständlich erscheint, nutzen Sie diese möglicherweise zu wenig. Da das Lustprinzip mit dem Willen in Einklang steht, haben Sie eine nicht zu unterschätzende Fähigkeit, Ihr Leben so zu gestalten, dass Sie sich dabei wohlfühlen. Langfristig werden Sie das tun, was für Sie notwendig und gut ist.

iv. Dilemma zwischen Wollen und Handeln

Sie handeln vermutlich oft anders als Sie eigentlich wollen. So nehmen Sie sich etwas vor und stellten fest, dass Sie etwas ganz anderes tun. Es fällt Ihnen schwer, spontane Handlung in den Dienst eines langfristigen Ziels zu stellen. Sie wollen immer gleich aktiv werden, ohne sich Prioritäten zu setzen. Sie neigen dazu, viel zu beginnen, um es dann wieder allen zu lassen, weil Sie doch nicht dahinter stehen können. Auch reagieren Sie manchmal recht heftig auf andere und fühlen sich schnell zur Konfrontation herausgefordert. Wie ein eigenwilliges, unartiges Kind will ein Teil von Ihnen tun, was spontan ein Gefühl von Lebendigkeit vermittelt. Ein anderer Teil übernimmt die Vaterrolle, der das Kind „auf den rechten Weg“ bringen will. Dieser Konflikt zeigt sich in einem inneren Dilemma von kurzfristiger Handlung und langfristigem Ziel. Denkbar ist auch ein äußeres Seilziehen zwischen Sohn und Vater, das Sie als Direktbeteiligter oder als Drittperson erleben. Sie werden aufgefordert, langfristiges Lebenskonzept und kurzfristige Durchsetzung in Einklang zu bringen. Sie werden so oft darüber stolpern, bis Sie die Fähigkeit erlangt haben, Ihre Handlung in den Dienst des Willens zu stellen und umgekehrt Ihren Willen spontan in die Tat umzusetzen. Körperliche Betätigung kann Ihnen dabei helfen.

v. Der Sinn nach Größerem

Sie sind ein Idealist. Sie wollen sich mit etwas Größerem identifizieren. Firma, Staat oder Weltanschauung sind Beispiele, worauf sich Ihre Vorstellungen beziehen könnten. Ihr Bedürfnis nach einer angenehmen und großzügigen Lebensweise kann Sie zu einem Lebenskünstler werden lassen, der sich einschränkende Arbeitsbedingungen stets vom Leibe hält. Es ist möglich, dass Sie Ihre Wünsche als unrealisierbare Luftschlösser einstufen und ihnen in der Fantasie nachträumen. Sie haben ein großes Bedürfnis nach Anerkennung. Um Beachtung zu finden, übertreiben Sie manchmal ein bisschen. Doch steht Ihnen der Sinn nicht nur nach Applaus, Sie mögen auch mit Bedauern feststellen, dass man Sie nicht ganz ernst nimmt.

vi. Der Anspruch auf eine perfekte Lebensgestaltung

Hatten Sie auch schon den Eindruck, mit sich selber streng zu sein? Sie brauchen viel Sicherheit, um sich zum Ausdruck zu bringen. Es fällt Ihnen schwer, andere um etwas zu bitten. Eigentlich möchten Sie mit Ihren Qualitäten strahlen. Im Inneren droht stets jemand mit erhobenem Zeigefinger: „Schuster, bleib bei deinen Leisten und übertreib nicht!" Sollten Sie Ihre Grenzen einmal außer Acht lassen, kommt jemand von außen, der Ihnen Grenzen setzt. Die Angst, nicht zu genügen, sitzt Ihnen wie ein böser Geist im Nacken. Ein geringes Selbstbewusstsein und ein innerer Perfektionsanspruch wirken so lange lähmend, bis Sie sich erlauben, ein Mensch mit Fehlern und Schwächen zu sein. Befürchtungen vor dem Versagen hält Sie davon ab, etwas überhaupt zu versuchen. Umgekehrt verpflichten Sie sich für zu vieles, so dass Sie manchmal den Eindruck haben, alle Verantwortung laste auf Ihren Schultern. Ein allzu perfektes Befolgen von Regeln und Prinzipien macht Ihnen das Leben schwer. Sie betrachten das Leben von der ernsten Seite. Spaß und Genuss sind Fremdworte. Wenn Sie nicht gerade arbeiten, brauchen Sie eine Rechtfertigung dafür, denn Sie vertreten die Devise: „Leben, um zu arbeiten!" Das Bedürfnis nach Sicherheit tötet im Übermaß jede Lebensfreude. Sie neigen zu Auseinandersetzungen mit Autoritätspersonen. Sie wollen selbst eine geachtete Persönlichkeit sein und mögen deshalb nicht, wenn man Ihnen sagt, was Sie zu tun haben. Ihr Wille lehnt sich gegen alles Strukturierte und Verpflichtende auf. Sie erleben Einschränkungen in der Außenwelt, letztendlich findet der Kampf in Ihrem Inneren statt. Möglicherweise nimmt ein autoritärer Partner Ihnen gegenüber die Vaterrolle ein. Dies kann zu einer frustrierenden Erfahrung führen.

V. Gefühle und Temperament

i. Großzügig und begeisterungsfähig

Sie verfügen über Idealismus, Optimismus und die gefühlsmäßige Überzeugung: „Ich schaff das schon!“ Ein Teil von Ihnen sträubt sich gegen sture Disziplin und harte Arbeit. Sie haben viele Vorstellungen, was das Leben bieten könnte und keine Lust, die konkreten Schritte zu unternehmen, die nötig wären, um die Vision in die Realität umzusetzen. Sie erwarten, dass Ihnen alles von alleine zufällt. Ihr spontanes Naturell kann Sie leichtfertig an der Wirklichkeit vorbeigehen lassen. Sie neigen dazu, Gefühle großzügig zu überspielen und sich mit einer Rolle zu identifizieren, die Sie in Beruf und Familie zur Schau stellen, weil Sie glauben, damit vor sich und anderen besser da zu stehen. Ihr Bedürfnis, edel und gerecht zu sein, können Sie nicht stillen, indem Sie anderen imponieren wollen und sich über jede Kritik erhaben fühlen.

ii. Das Bedürfnis nach einem wohltuenden Alltag

Sie möchten Ihre emotionalen Reaktionen in die tägliche Arbeit in Beruf oder Familie einbringen. Dies bedingt mit Menschen zusammenzuarbeiten, eventuell mit Kindern in einem fürsorglichen oder sozialen Beruf. Sagt Ihnen das Arbeitsklima zu, kommen Sie „aus dem Busch". Empfinden Sie das Umfeld als kühl und karg, können Sie nicht richtig aufblühen. Wie eine Pflanze, die an den falschen Standort gesetzt wurde, können Sie sich nicht entfalten. Sie könnten mit Magenbeschwerden und anderen Symptomen auf Stress und Ärger reagieren.

iii. Tiefe Gefühle sind nicht immer angenehm

Ihr Gefühlsleben ist tiefgründig und leidenschaftlich. Doch zeigen Sie nur wenig davon. Sie geben sich kontrolliert, um andere Ihre aufgewühlte und verletzliche Seite nicht sehen zu lassen. Dadurch hält man Sie für verschlossen und reagiert mit Zurückhaltung, was in Ihnen wiederum die Frage aufwirft: mag man mich denn überhaupt? So entsteht ein Kreislauf von gegenseitiger Skepsis und emotionaler Kontrolle, der sehr schmerzhaft ist. Sie tun sehr viel, um sich anderen unentbehrlich zu machen, nach dem Motto: Wenn man mich schon nicht um meiner selbst liebt, so doch wenigstens für meine Leistung. Dieser Antrieb kann Ihnen zu Erfolgen im äußeren Leben verhelfen. Doch ist es wichtig, dass Sie trotzdem Ihre Gefühle nicht verschütten. Die Tendenz dazu hängt damit zusammen, dass Sie Ihre Mutter als emotional starke Frau erlebt haben, die Sie entweder festhielt oder im Stich ließ, die frei über Sie verfügte und bestimmte, was für Sie gut und richtig war. Als Sie ein kleines Kind waren und einmal von der Mutter getrennt wurden, hat dies in Ihnen das tiefe Gefühl hinterlassen, emotional verraten zu werden. Aus diesem Gefühl des Manipuliert-Werdens reagieren Sie auch als Erwachsene mit Festhalten und Kontrolle, beispielsweise des Partners. Vielleicht fordern Sie von ihm, Ihnen seine Liebe dauernd von neuem zu bestätigen. Oder Sie kontrollieren Ihre eigenen Gefühle und zeigen diese nur spärlich. Sie möchten vermutlich sehr viel Nähe und scheuen gleichzeitig davor zurück. Ihre Liebsten möchten Sie ganz an sich binden. Dies kann zu Eifersucht gegenüber dem Partner und zu Ablösungsschwierigkeiten gegenüber Kindern führen. Es geht darum, andere Menschen loszulassen und sich im Hier und Jetzt auf der Gefühlsebene einzulassen ohne Kontrolle und Bedingungen, um so zu Ihrer eigenen Gefühlstiefe zu gelangen.

VI. Kommunikation und Denken

i. Am Ausgleichen interessiert

Sie sind ein Diplomat und konfrontieren Ihr Gegenüber nicht offen. „Durch die Blume“ tun Sie anderen Ihre Meinung kund. Sie heben das Gemeinsame hervor, lassen Unterschiede gerne unbeachtet. Sie zeigen jedem einen anderen Aspekt Ihrer Persönlichkeit. Liebenswürdiges Auf-den-anderen-Zugehen und Heuchelei gehen fast grenzenlos ineinander über. Ihr Verstand ist flexibel. Ideen anderer können Sie nachvollziehen. Sie sind vielseitig interessiert. Kunst, Kultur und intellektuelle Beschäftigungen sind für Sie unentbehrlich. Ob Sie lesen, lernen, ein Gespräch führen oder nachdenken, Sie brauchen eine ruhige, harmonische Atmosphäre. Sie schätzen die Schönheit der Sprache und des Denkens, Fluchen liegt Ihnen kaum. Entscheidungen zu treffen ist nicht Ihre Stärke. Sie sehen beide Seiten und es fällt Ihnen schwer, sich mit einer zu identifizieren und die andere auszuschließen.

ii. Zuhörer gesucht

Sie wollen Ihre sprachlichen und denkerischen Fähigkeiten zeigen. Sie möchten „Publikum“. Sie suchen eine Tätigkeit, in der Sie anderen etwas zu sagen haben. Ein inneres Bedürfnis drängt Sie, auf die Bühne zu treten, um Ihre Gedanken einem möglichst großen Zuhörerkreis mitteilen zu können. In jedem Gespräch, das Sie führen, schwingt ein Hauch Dramatik mit, sei es durch Ihre Mimik und Gestik oder durch den Inhalt der Worte.

iii. Gespräche mit Charme

Die Konstellation vermittelt Ihnen etwas von einem sogenannten „Kulturmenschen“. Sie vermitteln den Eindruck eines liebenswürdigen und charmanten Menschen. Sprache ist für Sie eng verbunden mit Ästhetik; fluchen liegt Ihnen nicht. Sie sagen gerne, was anderen gefällt. Sie machen sich nicht nur beliebt, sondern kommen auch an die Grenzen von Heuchelei und Anpassung. Ihr Bedürfnis nach Harmonie verleitet Sie dazu, sich nur mit schönen Dingen des Lebens zu beschäftigen, was Sie ziemlich oberflächlich macht. Bevor Sie eine engere Beziehung eingehen, überlegen Sie sich dies genau. An eine Partnerschaft stellen Sie die Anforderung, dass diese vernünftig sein soll.

iv. Zu großzügigem Denken befähigt

Sie haben die Fähigkeit, andere Menschen zu überzeugen. Mit Begeisterung stecken Sie die Zuhörer mit Enthusiasmus an. Mit Fremdsprachen dürften Sie kaum Probleme haben, außer, dass Sie Grammatik und Regeln langweilen. Haben Sie sich über etwas eine Meinung gebildet, kann es schwierig sein, Sie von etwas anderem zu überzeugen. Ihre Interessen sind weit gestreut. Ihnen ist dabei die Sinnfrage wichtig. Wenn Sie keinen Sinn finden können, fehlt die Motivation, sich damit zu beschäftigen.

v. Hohe Anforderungen an Denken und Sprechen

Sie stellen einen hohen Anspruch an Ihr Denken und Wissen und werden es sich kaum gestatten, etwas Falsches zu sagen. Möglicherweise halten Sie sich lieber zurück und schweigen. Vielleicht hörten Sie als Kind oft Äußerungen wie „Das verstehst du nicht!“ oder „Du sagst das falsch!“ oder „Du musst das besser lernen!“. Die Forderungen, die Eltern und Lehrer in Ihrer Kindheit an Sie stellten, haben Sie als Leitmotive übernommen und stellen Sie nun sich selber. Alles, was mit Denken, Wissen und Kommunikation zu tun hat, zensieren Sie innerlich. Sie verlangen von sich und von anderen Struktur und Sachlichkeit in diesem Bereich. Dieser innere Perfektionsanspruch kann Sie entweder völlig lähmen, nach dem Motto: „Das kann ich ja doch nie!“ oder Sie zu enormen Leistungen anspornen. Sie lernen dann gründlich und ausdauernd und können sich so ein fundiertes Wissen aneignen. Der Anspruch, nichts Falsches zu sagen, kann Ihnen durch Übung die Fähigkeit vermitteln, Ihre Gedanken sachlich und strukturiert zu formulieren. So lässt Sie die systematische, gründliche Art zu denken und zu lernen letztlich zu einer fachlichen Autorität werden und vermittelt Ihnen Sicherheit und Zufriedenheit.

vi. Zuhause im Reich der Ideen und Vorstellungen

In Gedanken überblicken Sie Dinge und Situationen, die anderen verborgen bleiben. Sie haben keine „lange Leitung“. Ihr Talent macht Sie geeignet für technische Berufe. Ihre Interessen sind vielseitig und unkonventionell. Sie schätzen anregende Diskussionen und geben sich gern schlagfertig. Sie nehmen kein Blatt vor den Mund und finden für ausgefallene Ideen und spritzige Bemerkungen Applaus. Sie tummeln sich gern im Reich der Visionen und Vorstellungen.

VII. Beziehung und Ästhetik

i. Gemeinsamkeit in Liebe und Harmonie

Mit Ihrer höflichen und ausgeglichenen Art sind Sie sehr beliebt. Sie haben das Gemeinsame und Verbindende hervor. Sie sind bestrebt, das Leben harmonisch zu gestalten. Eine Seite in Ihnen möchte geschätzt und geliebt werden und versucht deshalb, es dem Du immer und unter allen Umständen recht zu machen. Sie geraten leicht in die Versuchung, sich zu sehr anzupassen. Sie gehen so weit, dem Frieden zuliebe, Beziehungen aufrecht zu erhalten, die eigentlich längst einer Änderung bedürften. Um sich glücklich zu fühlen, muss es auch Ihr Partner sein. Sie schätzen das Gemeinsame und erleben sich stark durch den Partner. Dies schafft ein Gefühl der Verbundenheit. Dies erschwert Ihnen, sich selber als eigenständiges Individuum zu erfahren. Sie verkörpern Stil und Kultur, schätzen harmonische Formen und Farbkombinationen und verfügen über guten Geschmack.

ii. Partnerschaft soll sich im Alltag bewähren

Sie wollen und brauchen eine Beziehung, die alltägliche Dinge des Lebens nicht ausschließt. Der gemeinsame Alltag ist Ihnen wichtig. Sie wünschen sich keinen Partner, den Sie nur am Wochenende im Sonntagsanzug sehen, sondern jemanden, der die kleinen Freuden und Leiden des Alltags mit Ihnen teilt. Bewusst oder unbewusst gehen Sie davon aus, dass gemeinsame Arbeit mehr verbindet als gemeinsames Vergnügen. Vielleicht fällt Ihnen der alltägliche Aspekt einer Partnerschaft nicht leicht, doch entspricht es Ihrem Naturell, Beziehungen und grundsätzlich alles Genussvolle und ästhetisch Ansprechende einer Bewährungsprobe im Alltag zu unterziehen. Sie brauchen eine harmonische Arbeitsatmosphäre. Beziehungen, Harmonie und Ästhetik sind notwendige Voraussetzungen für Ihren Arbeitsplatz. Egal ob Vorgesetzte, Untergebene oder Kollegen, Sie versuchen, sich allen gegenüber gleichermaßen liebenswürdig und taktvoll zu geben. Körperpflege ist Ihnen ebenso wichtig wie Ihre Gesundheit. Sie werden Ihren Körper kaum durch Diät und hartes Training fit halten wollen, sondern eher auf eine liebevolle Art für ihn sorgen, beispielsweise sich von der Coiffeuse oder Kosmetiker verwöhnen zu lassen oder eine Ruhepause im Liegestuhl genießen.

iii. Ein unbeschwerter Umgang zwischen Mann und Frau

Sie haben eine Fähigkeit, einen geschickten Mittelweg zwischen Aktiv und Passiv, zwischen Durchsetzung und Einlenken zu finden. Sie wechseln in Ihrem Rhythmus zwischen Arbeit und Ruhe. Der Umgang mit dem anderen Geschlecht ist unbeschwert und natürlich. Sie fühlen sich von sinnlichen Menschen beiden Geschlechts angezogen. Vermutlich haben Sie viel Spaß daran, Ihren Partner auf sehr feine Art zu verführen.

iv. Vertrauen in das Gute im Mitmenschen

Sie gehen direkt und offen auf andere zu und kommen in der Regel gut an. Ohne viel dafür tun zu müssen, verstehen Sie es, einen positiven Eindruck zu hinterlassen. Sie können andere für Ihre Ideen begeistern. Vermutlich leiben Sie gesellschaftliche Vergnügungen und schätzen ein gewisses Maß an Luxus und Bequemlichkeit. Ihren Partner möchten Sie für Ihre Ansichten gewinnen. Vielleicht bewundern Sie ihn und schenken ihm leicht Vertrauen. Entdecken Sie an ihm eine Schwäche, reagieren Sie erstaunt oder enttäuscht.

v. Partnerschaft mit Anregung

Eine durchschnittliche „gewöhnliche“ Partnerschaft befriedigt Sie kaum. Sie suchen außergewöhnliche Partner, beispielsweise mit großem Altersunterschied. Auf diese Weise ist für Abwechslung und eine gewisse Unberechenbarkeit gesorgt. Auch ein außergewöhnliches Hobby, ein Auslandsaufenthalt oder ein Stil des Zusammenlebens, den Sie neu definieren, bieten Ihnen den gewünschten Aufwind. Sie brauchen viel Freiraum in der Beziehung. Das kann von einem eigenen Freundeskreis bis zu getrennten Wohnungen vieles beinhalten: wichtig ist, nicht nur Teil der Partnerschaft, sondern auch Sie selbst zu sein und ein Gleichgewicht zwischen Nähe und Distanz.

vi. Der Traum vom großen Glück

Sie haben ein starkes Bedürfnis nach Nähe und Hingabe. In einer Liebesbeziehung möchten Sie möglichst jede Grenze zwischen sich und Ihrem Partner auflösen und zu einer Einheit verschmelzen. Es kann sein, dass Sie Ihren Partner idealisieren und ihn nicht so sehen, wie er wirklich ist. Sie vergessen leicht, dass der Partner ein eigenständiger Mensch ist und sich bei zu viel Nähe vielleicht eingeengt fühlt. Ihr Bedürfnis nach Harmonie und Verschmelzung ist so stark, dass es für den anderen manchmal fast zu viel wird. Partnerschaft ist von einer fast mystischen und märchenhaften Aura umgeben. Wenn Sie mit diesem Bild einer absoluten Harmonie eine Partnerschaft eingehen, ist es nur eine Frage der Zeit, bis der Lack abblättert und die Schwächen des Partners zum Vorschein kommen. Im trügerischen Glauben, der andere spüre, was in Ihnen vorgeht, stellen Sie dann fest, dass der Partner keine Ahnung davon hat, was Sie denken und fühlen. Je makelloser Ihr Idealbild, desto schmerzhafter ist der gemeinsame Alltag mit Enttäuschungen und Auseinandersetzungen. Dass „Hilfsmittel" wie Drogen und Alkohol nur kurzfristig eine ideale Scheinwelt vortäuschen, könnte eine Erfahrung sein, die Sie immer wieder machen.

VIII. Handlung und Durchsetzung

i. Sich mit Gefühl durchsetzen

„Durchsetzung“ dürfte für sie nicht ganz einfach sein. Wenn Sie etwas tun, möchten Sie niemanden dabei verletzen. Sie handeln, wie wenn die Welt ein Porzellanladen wäre, und sind stets darauf bedacht, nichts zu zerschlagen. In Ihren Aktivitäten sind Sie vorsichtig und konservativ. Bewährte Methoden liegen Ihnen mehr als Experimente. Sie versuchen, über indirekte Wege ans Ziel zu gelangen. Wahrscheinlich sind Sie gerne für andere aktiv. Sie neigen dazu, kleine Ärgernisse herunterzuschlucken. Diese sammeln sich an und kommen irgendwann einmal wieder hoch. Dann zahlen Sie zurück, und dies nicht unbedingt auf faire Art. Wenn Sie unsicher sind, reagieren Sie leicht mit Rückzug, schmollen und zeigen sich von einer launischen Seite.

ii. Spontane Durchsetzung ist gefragt

Sie wollen sich durchsetzen und zeigen. „Seht mich an!“ scheinen Sie zu rufen, wenn Sie irgendwo auftreten. Die Wirkung bleibt kaum aus. Sie werden die Aufmerksamkeit auf sich lenken. Sie scheuen es auch nicht, Ihren Ärger und Unmut zu zeigen. Sie lassen sich kaum von anderen beeinflussen oder möchten zumindest diesem Bild entsprechen. Sie stürzen sich manchmal unüberlegt in „Pioniertaten“. Vermutlich gefallen Ihnen tatkräftige Männer, die eine gewisse Schärfe und Aggressivität an den Tag legen können.

iii. Mit Vollgas voran

Sie wollen Ihre eigenen Wege gehen. Manchmal haben Sie den Eindruck, nicht ernst genommen zu werden. Um sich Beachtung und Gehör zu verschaffen, übertreiben Sie ein bisschen. Wenn Ihnen dies nicht im ersten Anlauf gelingt, reagieren Sie übermäßig, indem Sie alles hinwerfen oder aufs Ganze gehen. Sind Sie von etwas überzeugt, zögern Sie kaum, Hindernisse aus dem Weg zu räumen, oft auf Kosten anderer. Mitmenschen werden überfahren, ohne es vielleicht zu bemerken. Sie haben die Vitalität eines Cowboys. Sie müssen Ihre Maßlosigkeit und Selbstüberschätzung in gemäßigte Bahnen lenken. Ihnen gefällt ein Mann, der sich lieber zu viel als zu wenig zutraut.

iv. Handlungsimpuls und Verantwortungsbewusstsein

Wenn Sie etwas tun, wollen Sie es korrekt tun. Sie sind gründlich, zielstrebig, ausdauernd und zu harter Arbeit fähig. Sie brauchen Struktur und Verantwortung. Wenn nötig, sorgen Sie konsequent für Disziplin und Ordnung. Ihr Anspruch an das, was Sie tun, ist enorm hoch. Sie könnten versuchen, mit sich selber ein bisschen weniger streng zu sein, sich ein paar Fehler zu erlauben. Sie haben vermutlich eine recht klare Vorstellung, was die Gesellschaft von Ihnen erwartet, was „man sollte", und Sie arbeiten hart dafür. Was tun Sie, weil „man" es so wünscht? Es gilt, eine innere Versöhnung zwischen „Vollgas" und „Bremse" zu erreichen. Ihnen sagen Männer zu, die autoritär auftreten können.

v. Durchsetzung mit Einfühlungsvermögen

Wenn Sie etwas tun, identifizieren Sie sich mit der Umwelt. Sie spüren sozusagen die Reaktionen der anderen auf Ihre Aktivitäten. Sie spüren, wie Sie anderen „auf die Füße trampeln". Sie können sich besser für andere durchsetzen. Sie stehen vielleicht für Schwächere ein und leisten Hilfe. Ihre Sensibilität macht Sie beeinflussbar, sie werden ganz einfach vom Ärger anderer angesteckt. Sie neigen dazu, Männer zu idealisieren. Vielleicht warten Sie jahrelang auf einen „Märchenprinzen". Sie geben sich gerne Ihren Wunschvorstellungen hin, sehen Ihren Partner durch eine allzu rosarote Brille und sind leicht enttäuscht über seine realen, nicht so glänzenden Seiten.

vi. Tatkraft mit Leidenschaft

In Ihnen schlummert ein enormes Energiepotential. Sie geben sich sanft und liebenswürdig. Kaum jemand wird Sie als aggressiv bezeichnen. Sie fühlen sich oft energielos und „ausgebrannt". Vielleicht spüren Sie, wie es manchmal in Ihnen brodelt; aber Sie wagen es kaum, den Vulkan ausbrechen zu lassen, aus Angst, die Kontrolle zu verlieren. Trotz ausgebrochener Sanftheit strahlen Sie etwas von dieser ungelebten Energie aus. Aus diesem Grund dürften Sie außergewöhnlich oft mit Gewalt und Machtmissbrauch, auch im sexuellen Bereich, konfrontiert werden. Solche Erfahrungen können sehr erschreckend und schmerzhaft sein. Sie sind jedoch als Aufforderung zu verstehen, das eigene Zerstörungspotential und die eigene Zwanghaftigkeit zu überwinden, auch wenn sie sich nicht immer so zeigen, wie Sie es vielleicht gerne hätten. Ihre Aktivitäten haben etwas Leidenschaftliches und manchmal auch Zwanghaftes oder Zerstörerisches, das es zu akzeptieren und in geeignete Bahnen zu lenken gilt. Sie können ziemlich ehrgeizig, kompromisslos und belastbar sein und ein Projekt mit eiserner Härte durchziehen. Eigene Fehler und Schwächen zeigen Sie nicht gern. Sie gehen aufs Ganze, in der Arbeit, wie in der Sexualität. Sie fühlen sich zu „starken Männern" hingezogen. Vor allem, wenn Sie Mühe haben, zur eigenen „Power" zu stehen und geeignete Ausdrucksformen zu finden, neigen Sie dazu, sich Partner mit den entsprechenden Eigenschaften auszusuchen, um so die Urkraft, den eisernen Willen und die Kompromisslosigkeit, eventuell auch das Zwanghafte und Manipulierende Ihres eigenen Wesens zu erleben.

VIII. Die Suche nach Sinn und Wachstum

i. Der Glaube an das Gute

Auf großzügige, ganzheitliche Art suchen Sie nach dem Sinn des Lebens. Neue Weltanschauungen und Konzepte prüfen Sie auf Toleranz und Weite. Ihr Glaube an das eigene Glück kann Sie zum Überschreiten gesetzter Grenzen verleiten. Ihr Bedürfnis nach Ausdehnung lässt Sie jede Vorsicht vergessen. Somit besteht die Gefahr, zu viel des Guten zu wollen. Vielleicht haben Sie Freude am Spekulieren oder an Abenteuern, sich mit Optimismus allein nicht meistern lassen.

ii. Partnerschaft regt zum Wachstum an

Schon seit früher Kindheit durften Sie erfahren, wie Beziehungen Ihr Selbstvertrauen stärkten und sich positiv auf Ihr Leben auswirkten. Auch heute bevorzugen Sie es, wenn Sie in der Partnerschaft großzügig und optimistisch sein können. Sie möchten jede Beziehung offen und lebensbejahend gestalten. Durch Ihre Begeisterungsfähigkeit haben Sie die Möglichkeit, Ihren Partner von einem Unternehmen zu überzeugen. Beispielsweise planen Sie eine Reise in ein fremdes Land und möchten Ihren Partner unbedingt mitnehmen. Sie zählen ihm alle Vorzüge auf, und Ihnen kommt keine Sekunde der Gedanke an Nachteile. So überreden Sie ihn – und vielleicht auch sich selber – voll Enthusiasmus und Begeisterung. Sie mögen es, wenn Sie von Ihrem Partner unterstützt werden, denn so ist es Ihnen wiederum möglich, sich großzügig und optimistisch zu zeigen. Sie bringen einen beachtlichen Expansionsdrang in eine Beziehung. Sie nehmen die Partnerschaft von einer leichten Seite. So können Sie sich kaum vorstellen, dass es Probleme geben könnte, und zeigen wenig Bereitschaft, daran zu arbeiten. Sie sind dem Partner gegenüber großzügig und tolerant, lassen ihm viel Freiraum und können ihm auch Fehler verzeihen. Grundsätzlich sehen Sie die positiven Seiten im anderen. Sie haben die Fähigkeit, die „richtigen“ Bekanntschaften zu schließen und Beziehungen einzugehen, die Sie innerlich und äußerlich weiterbringen. Partnerschaft ist für Sie die Möglichkeit, Sinn zu finden. Ihre Weltanschauung möchten Sie mit Ihrem Partner teilen. Durch Ihre optimistische Art neigen Sie vielleicht manchmal zum Übertreiben und können in einen fast missionarischen Eifer geraten.

iii. Der Wunsch, alles Schwere abzustreifen

Manchmal mag eine Stimme Ihnen zuflüstern, warum Sie nicht einfach die Fesseln des gewohnten Alltagslebens abstreifen, davonfliegen und alle Grenzen sprengen. Etwas in Ihrer Persönlichkeit sucht Unabhängigkeit und Bewegungsfreiheit. Es wehrt sich gegen ein allzu gesetztes Leben und zu viel Einschränkung. Es verleiht Ihnen einen Schuss Abenteuerlust, Originalität, unkonventionelle Ideen und – sofern Sie nicht darauf achten – eine gewisse Überheblichkeit, denn es kennt keine Rücksicht auf persönliche Motive und Gefühle. Wenn dieser Teil in Ihnen zum Zuge kommt, dann wagen Sie im übertragenen Sinn – oder vielleicht auch im ganz konkreten – einen Fallschirmsprung. Zumindest für kurze Zeit heben Sie die üblichen Beschränkungen auf und genießen einen Blick aus höherer Warte. Solche Erlebnisse bewirken, dass Sie den Lebenssinn hinterfragen und die Relativität einer Ansicht erkennen. Für zukünftige Möglichkeiten haben Sie eine gute Nase und neigen zu ungewöhnlichen Interessen. Sie haben ein starkes Bedürfnis nach Expansion und Weite.

IX. Die Suche nach Struktur und Ordnung

i. Die Pflicht, ein biegsames Rückgrat zu entwickeln

Sie neigen zu überhöhten Anforderungen an sich selbst, die Sie nie ganz erfüllen können. Ehrgeiz und Leistungsdruck können Sie hart gegenüber sich selber und anderen werden lassen. Lernen Sie, sich auch Fehler zuzugestehen, diszipliniert vorzugehen, ohne den Maßstab zu hoch anzusetzen, so erhalten Sie zum Lohn innere Sicherheit.

ii. Die Forderung, mit den Risiken des Lebens umzugehen

Sie haben ein starkes Kontroll- und Absicherungsbedürfnis. Sie meiden Situationen, in den Sie nicht die Fäden in der Hand behalten können. Nach dem Motto „Leben ist lebensgefährlich" lassen Sie sich nicht in ungewisse Situationen ein. Struktur und Sicherheit erleben Sie durch Autoritätspersonen oder staatliche Institutionen, die jedoch unangenehme Forderungen an Sie stellen. Sie haben Angst vor emotionaler Tiefe, vor Macht und allem Trieb- und Instinkthaften, vor Sexualität und Tod. Ihre innere Kontrollinstanz lässt Sie nur beschränkt leben.

iii. Zwischen Traum und Wirklichkeit

Möglicherweise erleben Sie sich als „Gast“ auf dieser Welt. Die Aufgabe, mit dem Alltag zu recht zu kommen, mutet Ihnen seltsam an. Sie stehen mit einem Fuß in der Realität und mit dem anderen in einer irrealen Welt, und Sie sind nie ganz sicher, ob Ihnen nicht gleich der Boden unter den Füßen weggezogen wird. Der grenzauflösende Zug in Ihrer Persönlichkeit verlangt eine Auseinandersetzung mit dem, was jenseits der Realität liegt. Das Irreale, Unfassbare und nicht Bodenständige kann zum Beispiel durch Religion, Meditation, Musik, Helfen, Sucht, einem Wassersport oder anderweitigem Umgang mit Wasser erlebt werden. Sie fühlen sich verpflichtet, anderen zu helfen. Es ist sogar möglich, dass Hilfsbedürftige beträchtlich über Ihre Zeit verfügen, und Sie sich fast schuldig fühlen, wenn Sie jemandem etwas abschlagen und dafür etwas für sich selber tun. Helfen in einem ausgeglichenen Maß festigt Ihre innere Sicherheit und Stabilität. Im Übermaß können Sie sehr darunter leiden. Wenn Sie grundsätzlich sehr realitätsbezogen sind, ist es denkbar, dass Sie mit großer Anstrengung versuchen, das Irrationale und Unfassbare aus Ihrem Leben auszuschließen. Sie erleben es dann vermutlich durch einen entsprechenden Partner oder selber in Form einer Sucht. Auch ein Pendeln zwischen strukturierter Arbeit und Alkohol am Feierabend ist denkbar. Letztlich geht es immer um ein Zusammentreffen zweier Welten. Sie werden aufgefordert, den Umgang sowohl mit der Realität wie mit der inneren Traum- und Bilderwelt zu üben und mit der Zeit eine Verbindung zu schaffen.

iv. Sicherheit aus dem Dunklen schöpfen

Sie lehnen patriarchalische und autoritäre Formen ab, gehen instinktivem Triebverhalten aus dem Weg und sind doch auf eine eigenartige Weise fasziniert davon. Sie wollen nicht von autoritären Personen angetrieben oder kontrolliert werden. Sorgfältig beachten Sie Ihr Verhalten, um keine Schwachstelle zu zeigen. Fast könnte man sagen, Sie hätten Angst vor der destruktiven Macht der Außenwelt. Sich nicht in eine Gruppe integrieren wollen, Außenseiterpositionen, Platzangst oder ein mulmiges Gefühl in großen Menschenmengen sind ein paar konkrete Beispiele dafür. Dieses Dunkle, das Sie in der Außenwelt ahnen, spiegelt Ihre eigene emotionale Tiefe wider. Es ist schwierig, diese dunkle und auch wilde und instinkthafte Seite zu akzeptieren. Wenn Sie sie nicht ablehnen, erschließt sie Ihnen jedoch Lebenskraft und Einsicht bis in die tiefsten Tiefen der menschlichen Seele. Daraus können Sie eine große Sicherheit entwickeln, nämlich Sicherheit in sich selber, die Ihnen keine äußeren Geschehnisse je wieder nehmen können.

X. Das Bedürfnis nach Veränderung

i. In einem feurigen und herrischen Zeitgeist geboren

Der Zeitgeist zeigt sich auf direkte, dramatische, sogar egoistische Weise. „Bühne frei für einen neuen Akt!“ könnte das Motto heißen. Ihre Zeitgenossen sind bereit, für eine neue Idee ins Rampenlicht zu treten und auch etwas dafür zu wagen.

ii. Das private und familiäre Umfeld im Aufbruch

Ihre familiären Verhältnisse und Ihre Wohnsituation dürften ziemlich unkonventionell sein. Ihre Familie fällt aus dem traditionellen und gewohnten Rahmen. Oder Sie selbst übernehmen die Rolle eines Außenseiters oder Rebellen. Vielleicht vertreten Sie völlig andere Ansichten als Ihre Familie. Oder Sie wechseln den Wohnort oft, stellen die Möbel um oder geben der Wohnungseinrichtung eine originelle, wenn nicht gar exzentrische Note. Gemeinsam ist diesen Beispielen die Unruhe, die Sie in Ihr Privatleben bringen. Es geht dabei immer um die Erfahrung, emotionale Geborgenheit und ein „warmes Nest“ nicht in Bequemlichkeit erstarren zu lassen, sondern durch einen „frischen Wind“ für Veränderung zu sorgen. Eine neue Situation bringt neue Erkenntnisse. Indem Sie mit Ihrem Bedürfnis nach Geborgenheit experimentieren, erfahren Sie mehr und mehr, was Sie wirklich brauchen.

XI. Die Sehnsucht nach Auflösung und Hingabe

i. Kollektive Idealisierung des Dunklen

Die Stellung deutet auf eine kollektive Tendenz, sich total ins Leben einzulassen, ohne zu wissen, wohin dies führt. Vor allem dunkle Bereiche sind mit seltsamem Zauber belegt, der eine Art Versprechen zurück zum Mutterschoß beinhaltet. Ihre Generation spricht mit besonderer Hingabefähigkeit darauf an.

ii. Feinfühlig in der Arbeit

In Ihrem Alltag sind die Grenzen zwischen Realität und Illusion unklar. Das kann heißen, dass Sie in einem Bereich arbeiten, in dem die Themen Auflösung und Hingabe auf die eine oder andere Art vorhanden sind. Sie können beispielsweise eine Helfertätigkeit ausüben. In Ihrer Arbeit reagieren Sie feinfühlig auf äußere Bedingungen und innere Impulse. Sich an einen geordneten Tagesablauf zu halten, dürfte Ihnen eher schwer fallen. Sie gehen lieber nach Gefühl vor, als sich an klare Regeln zu halten. Konkret könnte sich dies durch ein Chaos auf dem Schreibtisch, vergessene Termine oder verlegte Hausschlüssel zeigen. Das Gemeinsame an all diesen äußerlich verschiedenen Beispielen ist das Formlose, nicht ganz Fassbare und Begreifbare. Schwierig wird der Alltag, wenn der Ordnungssinn überwiegt und Sie jede freie Minute verplanen, denn dann erleben Sie das auflösende Prinzip als lästige Ungewissheit, als Täuschungen im Arbeitsbereich oder in Form von diffusen körperlichen Symptomen. Sie haben die Fähigkeit zur Hingabe an die kleinen Dinge des Alltags. So können Sie sich völlig an den Alltag „verlieren“ und dabei ein Gefühl der Verbundenheit mit einem größeren Ganzen empfinden. Arbeit wird zum Ritual, das Ihnen hilft, über den materiellen Bereich die Türe zum Spirituellen zu öffnen. Auch Ihr Körper reagiert „nicht ganz fassbar“, das heißt, dass Ihr Körper selten ein klar diagnostizierbares Krankheitsbild zeigt, wenn Sie krank werden. Da nicht so sehr ein einzelnes Organ betroffen ist, sondern eher der ganze Körper mit Unwohl-Sein reagiert, sprechen Sie gut auf ganzheitliche und alternative Heilmethoden an.

XII. Die dunkle Seite

i. Mit Macht von Vernunft und Sachlichkeit

Sie zeichnen sich als Generation aus, welche die Alltagsprobleme handfest anpackt, über eine scharfe Beobachtungsgabe verfügt und analytische Fähigkeiten entwickelt. Die größte Herausforderung dürfte sein, die damit verbundenen Möglichkeiten weder zu missbrauchen noch ihre Grenzen zu missachten – beispielsweise in der Forschung.

ii. Das zwingende Bedürfnis nach Geborgenheit

Die Frage nach der Existenzberechtigung wurde Ihnen mit in die Wiege gelegt, und Sie werden sich – bewusst oder unbewusst – immer wieder damit konfrontieren. Sie sind vermutlich stark mit Ihrer Familie, Ihrer Mutter oder Ihrer Herkunft verbunden. Sie haben ein intensives, fast leidenschaftliches Bedürfnis nach Geborgenheit und einem „warmen Nest". Das kann bedeuten, dass Sie sehr an Ihrer Familiensituation und Ihrem Zuhause festhalten. Wenn es Ihnen gelingt, diese „Mutter-Kind-Geborgenheit" nicht in der Außenwelt, bei der Familie und beim Partner zu suchen, sondern in sich selber zu finden, indem Sie sich selber „Mutter" sind, Ihre Bedürfnisse wahrnehmen und befriedigen, erschließen Sie in Ihrem eigenen Innern eine Quelle der Kraft und Energie. Die Auseinandersetzung mit Familienmitgliedern oder mit der Wohnsituation mag zwar oft zwanghafte Züge aufweisen, Sie zum Loslassen zwingen oder andere Weise schmerzhaft sein. Doch sie hilft Ihnen auch, in sich selbst zur Quelle der Geborgenheit und des Wohlbefindens vorzustoßen.

iii. Die Aufforderung, zur eigenen Macht zu stehen

Befremdet Sie der vorhergehende Abschnitt? Diese Eigenschaften erleben Sie vielmehr in der Umwelt. So haben Sie vermutlich Erinnerungen an dunkle und machtvolle Personen, die Ihre Kindheit überschatteten. Dies kann ein autoritärer Vater oder Lehrer gewesen sein oder Personen, die ihre Macht missbrauchten, sodass Sie sich völlig hilflos und ausgeliefert fühlten. Ähnliche Situationen erleben Sie heut durch machtvolle Vorgesetzte oder Partner. Macht und Missbrauch sind eng miteinander gekoppelt. Versuchen Sie alles unter Kontrolle zu haben, damit Ihnen ja nichts geschehen kann? Gehen Sie dem Dunklen aus dem Weg, erleben Sie es immer wieder in negativen Manifestationen wie Machtmissbrauch und zwanghaftes Kontrollbedürfnis.

XIII. Mondknotenachse – Eine Lebensaufgabe

i. Zwischen Gegensätzen ein Gleichgewicht finden

Sie leben mit dem Gefühl, ein einmaliges Individuum zu sein. Sie sehen sich vor die Entscheidung gestellt, eine Außenseiterrolle einzunehmen oder mit der Masse zu gehen. Sie diskutieren über alle Möglichkeiten, die es auch noch gäbe und bleiben so oft in einer unverbindlichen Distanz. Sie scheuen es, sich wirklich auf etwas einzulassen, weil Sie dann alle anderen Möglichkeiten ausschließen müssten. Sie schauen bei jeder Gelegenheit über den Zaun, um zu sehen, was dort wächst, gehen aber nicht wirklich in den Garten hinein. Sie vermissen die nötigen Fähigkeiten im Umgang mit konkreten Kleinigkeiten. Was nützt Ihnen die Lebensphilosophie, wenn Sie nicht wissen, wie man einer kaputten WC-Spülung begegnet? Sie reagieren auf passive und wirklichkeitsfremde Weise. Wie Treibsand hält Sie die zwanghafte Suche nach dem „verlorenen Paradies“ im Bann und hindert Sie auf dem Lebensweg. Ihr Weg liegt nicht in der unverbindlichen Gemeinsamkeit einer Gruppe. Es sind Qualitäten wie Objektivität, Sachlichkeit und Vernunft zu entwickeln. Sie suchen vor den Banalitäten des Alltags Zuflucht in einer inneren Welt. Sie mögen es nicht, sich exponieren zu müssen. Lieber träumen Sie vom verkannten Genie. Sie verharren in einer innerlich distanzierten Haltung und stellen sich vor, etwas zu tun, „wenn Sie mal groß sind“. Diese Denkweise ist höchst unbefriedigend. Sie werden von äußeren Gegebenheiten „gestupft“, in die Angelegenheit hineinzuspringen. Das Leben fordert Sie auf, Ihre praktische Seite zu entwickeln. Es ist wichtig, dass Sie gründlich und sachlich vorgehen und Einzelheiten zur Kenntnis nehmen. Ihr „Lernprogramm“ beinhaltet Beachtung des Details und Zuverlässigkeit.

XIV. Chiron – Der verwundete Heiler

i. Freiheit ist ein heikles Thema

Den Qualitäten Originalität, innere und äußere Freiheit, Individualität und Unabhängigkeit dürfen Sie mit einer gewissen Vorsicht oder gar Misstrauen gegenübertreten, weil Sie damit schlechte Erfahrungen machen mussten. Andererseits können diese zum Wundbalsam für Ihre verletzliche Seite werden.

ii. Verletzlich im gesellschaftlichen und beruflichen Bereich

Wenn es um Pflicht und Verantwortung geht, reagieren Sie empfindlich, trauen sich zu wenig „Rückgrat“ zu oder bürden sich zu viel auf und halten sich und andere durch allzu rigide Strukturen unter Kontrolle. Vielleicht erlebten Sie als Kind, wie ein Erwachsener seiner Aufgabe nicht nachkam und kläglich versagte. Sie bauten auf Bezugspersonen und erlebten, wie diese Sie im Stich ließen und Ihr Bild des Menschen vom Sockel stürzte. Die Bürde drückt schwer und Sie kommen sich vor wie Sisiphus, der einen Felsbrocken den Berghang hinaufschieben musste. Kaum war er oben, rollte der Stein nach unten und Sisiphus musste von Neuem beginnen und konnte seine Arbeit nie zu Ende bringen. Vielleicht leiden Sie auch unter der Unkorrektheit von Vorgesetzten. Wenn Sie annehmen, dass Sie Ihrer Verantwortlichkeit nie hundert Prozent nachkommen und Ihre Stellung nie sicher ist, löst sich die starre Haltung.

iii. Verletzlich sein ermöglicht Nähe und Herzenswärme

Sie fühlten sich von Ihrer Mutter verraten. Vielleicht wollte Ihre Mutter keine Kinder oder Sie fühlten sich von ihr im Stich gelassen. Sie mussten für das Wohlbefinden von Mutter oder Geschwistern sorgen und sich zu früh mit einer fürsorglichen Rolle identifizieren. So fällte es Ihnen schwer, andere nicht zu sehr zu bemuttern. Sie fragen sich, wer sich denn eigentlich um Sie kümmert. Eine Art Hungergefühl nach Geborgenheit, Ärger oder Traurigkeit steigen auf, wenn Sie innehalten. Sie suchen sich Menschen, die von Ihnen abhängig sind und für die Sie sorgen können, um diesen seelischen Hunger zu übertönen. Eine verwirrende Unklarheit über eigene Gefühle und Motivationen ist nicht auszuschließen. Wenn Sie eine kühle Natur sind, treffen Sie in der Außenwelt auf mütterliche Menschen, die Sie übermäßig umsorgen. Ziehen Sie nicht den irrigen Schluss, auf keine anderen Menschen mehr angewiesen zu sein.

iv. Nicht alles zu wissen, schafft Raum für intuitives Denken

Ihr Denken steht sowohl unter kultiviert-rationalen wie auch unter tierisch-instinkthaften Einflüssen. Letzteres mag Sie verunsichern, vor allem wenn sie seine Wirkung in Form von Gedächtnislücken, Verwirrung oder Nicht-verstanden-Werden erleben. Doch wenn Sie die Unmöglichkeit eines absolut rationalen und kontrollierbaren Verstandes anerkennen, so können die intuitiven und instinkthaften Anteile des Denkens ihre positive Seite entfalten und Sie dazu befähigen, den wahren Kern der Dinge intuitiv wahrzunehmen. Da Sie aus eigener Erfahrung wissen dürften, wie schwierig es ist, sich einem anderen Menschen mitzuteilen und von ihm gehört und verstanden zu werden, haben Sie in diesem Bereich ein großes Einfühlungsvermögen für andere und können vermutlich gut zuhören, Fürsprache für andere ergreifen oder Wissen weitervermitteln.

v. Verletzlichkeit als Basis für eine tiefe Liebe

Vielleicht genügt es Ihnen nicht, sich einem anderen Menschen gefühlsmäßig nahe zu fühlen, sondern Sie wollen ihn ganz besitzen. Oder wenn Ihnen jemand gefällt, wollen Sie seine Liebe um jeden Preis. Auch Ihre Vorstellungen von Partnerschaft mögen äußerst romantisch sein. Sie neigen dazu, ziemlich unersättlich nach Nähe zu verlangen und Beziehungen einzugehen, die Ihnen nicht bekommen. Sich aus den emotionalen Verstrickungen zu lösen, kann ziemlich schmerzhaft sein. Es gilt, die eigene Empfindsamkeit etwas mehr zu berücksichtigen und trotzdem zu akzeptieren, dass eine Partnerschaft gleichzeitig erfüllende Liebe und schmerzhafte, emotionale und sexuelle Manipulation beinhalten kann. Wenn Sie die helle und dunkle Seite in zwischenmenschlichen Begegnungen annehmen, kann sich Ihre Fähigkeit, andere tief zu berühren und das Verbindende zwischen zwei Menschen zu erkennen und hervorzuheben, zum Segen für andere und für Sie entwickeln.

vi. Schwächen der eigenen Handlungsunfähigkeit annehmen

Es fällt Ihnen nicht leicht, das richtige Maß an Durchsetzung und Tatendrang zu finden. Entweder wird das Leben zum Wettkampf oder Sie fühlen sich handlungsunfähig und andere bestimmen über Sie. In jedem Fall reagieren Sie empfindlich. Es gilt eine Empfindsamkeit und übertriebene Abwehr oder Durchsetzung zu akzeptieren und diese „tierischen“ Kräfte, die sich als Rücksichtslosigkeit, Aggression, Wut oder Streitsucht äußern, unter Führung und in den Dienst des Allgemeinwohls zu stellen. Sie können den Eindruck nicht loswerden, nichts wirklich Wichtiges schaffen zu können.

vii. Sich mit der Unvollkommenheit des Lebens aussöhnen

Sie wünschen sich, die Welt zu verbessern und es fehlt Ihnen der berufliche, gesellschaftliche und politische Einfluss, um etwas bewirken zu können. Oder Sie haben die Stellen, können diese jedoch nur mangelhaft ausfüllen. Sie suchen nach einem äußeren Vorbild oder Guru und müssen enttäuscht feststellen, dass das Glaubensgebäude nicht tragfähig ist. Oder Sie fordern Ihr Schicksal heraus, erwarten nur Positives und fühlen sich bei einem Tief von allen guten Geistern verlassen. Glaube, Vision und Sinn sind zentrale Themen. Sie sind auf der Suche nach dem perfekten System in der Außenwelt und leiden unter dem Schmerz über die unperfekte Welt.

viii. Versöhnung zwischen dem Irdischen und dem Geistigen

Die Suche nach Erkenntnis ist für Sie ein wichtiger spiritueller Weg, der auf eine Verbindung zwischen dem Geistigen und dem Irdisch-Persönlichen drängt. Eine geistige Entwicklung ist Ihnen sehr wichtig, Sie streben nach innerer Freiheit und neigen dazu, sich von Gefühlen und Körperempfindungen zu distanzieren. Sie möchten sich von der Menge abheben. Mitgefühl für menschliches Leid empfinden Sie als Hindernis auf dem Weg der Selbstverwirklichung. Auf andere wirken Sie kühl und distanziert. Die Folge ist Einsamkeit, die Sie schmerzhaft daran erinnert, dass Sie ein Mensch aus Fleisch und Blut sind. Auch das Gegenteil ist denkbar, dass Sie in alten Denk- und Verhaltensmustern verhaftet bleiben und neue Ideen ängstlich von sich weisen. Sie erleben immer wieder, dass andere Menschen Ihr Leben aus den Angeln heben und Ihnen auf wenig angenehme Weise mehr Spielraum verschaffen, beispielsweise indem ein Partner Sie verlässt oder Sie den Arbeitsplatz verlieren. Je bodenständiger und konventioneller Ihr Leben ist, desto eher suchen Sie zum Ausgleich Partner, Freunde oder Arbeitskollegen, die Ihnen mit Ihrer Unberechenbarkeit einiges zu schaffen machen. Ob Sie die Gefahren einer Selbstverwirklichung über- oder unterschätzen, ob Sie diese bei sich oder durch andere erleben, erschwert eine Schwachstelle in Ihrer Persönlichkeit es Ihnen, einen solchen Weg zu gehen und trotzdem ganz Mensch mit all den dazu gehörenden menschlichen Schwächen, Lastern und Trieben zu bleiben. Im Annehmen der eigenen Unvollkommenheit liegt das Potential, Ideen aufzunehmen und sich dabei auch auf Nähe und längerfristige Verpflichtungen einzulassen.

ix. Getrenntsein akzeptieren

Vielleicht fühlen Sie sich manchmal eins mit allem, was ist, und kurze Zeit darauf werden Sie mit der harten Realität konfrontiert, und es mag Ihnen scheinen, als hätte man Sie aus dem Paradies geworfen. Intuitiv wissen Sie um eine bessere Welt, in der nur Liebe und Einheit herrschen, und es mag Sie manchmal schmerzen, dass die Realität so anders aussieht. Doch es gilt, diese Unterschiede zu akzeptieren und sich zum Beispiel nicht einfach mittels einer lebhaften Fantasie oder Suchtmitteln in eine schöne innere Welt zu entziehen, sondern der inneren Vision von einer allumfassenden Liebe eine Form zu geben und anderen Menschen ihre heilende Wirkung zu vermitteln. Es gibt zwar kein Zurück ins verlorene Paradies, doch wenn Sie die unerfüllbare Sehnsucht in sich annehmen, können Sie für andere zu einem heilsamen Wegweiser in spirituelle Bereiche werden.

x. Mit dem Dunklen Freundschaft schließen

Wie das Licht auf den Nachtfalter, so wirken aufwühlende Situationen, in denen Macht, Manipulation, Leidenschaft, Sexualität oder Tod eine große Rolle spielen, anziehend und prägen immer wieder Ihr Leben, ohne dass Sie dies vielleicht beabsichtigen. Macht ist möglicherweise etwas, das Sie von Kind an mit großer Selbstverständlichkeit beanspruchen. Ihre Mitmenschen mögen, um sich zu schützen, mit Rückzug auf Manipulationen Ihrerseits reagieren und Ihnen so schmerzlich die destruktive Seite des Machtthemas vor Augen halten. Ähnlich können zu viel Leidenschaft oder zu starke grüblerische Tendenzen negative Resultate bringen. Oder Sie mussten als Kind Macht in der Position des Unterlegenen erfahren, beispielsweise indem Sie bloßgestellt wurden oder der Willkür anderer schutzlos ausgesetzt waren, und Sie so auch heute noch empfindlich auf jeden Machtanspruch reagieren. Da Sie Ihre eigene dunkle Seite gut kennen, versuchen Sie vermutlich, sich unter Kontrolle zu behalten, und meiden Situationen, in denen Sie allzu Persönliches von sich preisgeben müssten. Dieser instinkthafte, dunkle Teil überrollt Ihre Kontrolle und richtet so eine emotionale oder konkrete Katastrophe in Ihrem Leben an. Wenn Sie diese Seite ablehnen, dürften Sie gehäuft in der Außenwelt auf entsprechende Situationen treffen, zum Beispiel mit Gewalt und Tod, sexuellem oder emotionalem Missbrauch oder anderweitigen Übergriffen als Zuschauer oder sogar als Opfer konfrontiert werden. Auch Vorgesetzte oder Partner eignen sich vorzüglich für die Übernahme der Machtrolle und lassen Sie an Ihren Fäden tanzen.

XV. Lilith – Die weibliche Kraft der Seele

i. Im Herzen ein Kind auf dem Weg zur reifen Frau

Ein unbewusster Wunsch, Kind zu bleiben, beeinflusst Ihr Leben nachhaltig. Ihre Art und Weise, mit dem Leben umzugehen, mag an ein Kind erinnern. Wird ihm eine Aufgabe zugeteilt, sucht es erst einmal Hilfe und Unterstützung. Soll es sich etwas Neuem zuwenden, schmollt und weint es und will nicht loslassen. Eine geborgenheitsspendende Familienatmosphäre mag Ihnen helfen, von einem haftenden und kindlichen Verhalten zu dem einer Frau zu finden. Mutter sein, Kinder aufziehen und ins Leben entlassen kann für die Bearbeitung der eigenen Mutterthematik von Wert sein.

ii. Bedürfnis, sich in die materielle Welt einzugeben

Im Bereich des Geldes, im Umgang mit allem, was im weitesten Sinne Besitz ist, also mit materiellem Eigentum ebenso wie mit eigenen Talenten, Beziehungen oder auch geistigen oder spirituellen Werten, müssen Sie sich immer wieder neue Maßstäbe setzen. Der Bezug zu diesen Themen ist auf seltsame Art zweideutig. Möglicherweise möchten Sie vieles besitzen und empfinden die Verwaltung des Eigenen gleichzeitig als Last oder Einschränkung. Oder Sie möchten Wohlstand und viel Geld und scheuen den dazu nötigen Einsatz. Sie sammeln vielleicht irgendwelche Dinge und fragen sich gleichzeitig, warum Sie sich mit solchem Ballast versehen. Aber auch bezüglich des Umgangs mit dem eigenen Körper, mit Sinnenfreuden und Erotik ist Ihre Haltung kaum eindeutig klar. Letztlich sind all diese Bereiche Ausdruck Ihres Selbstwertes. Unter den sichtbaren Auswirkungen mag die zentrale Frage lauten: Was bin ich wert? So identifizieren Sie sich mit bestimmten Werten, beispielsweise einem Eigenheim oder einer Begabung. Doch irgendwann ist die Zeit dazu abgelaufen, Sie spüren, dass Sie loslassen und nach neuen Werten suchen müssen. Eine innere Stimme oder auch äußere Ereignisse mahnen Sie, sich von Altvertrautem zu lösen und weiterzuschreiten. Dem Ego mag dies nicht immer leicht fallen.

iii. Abgrund zwischen Intellekt und Gefühlstiefe überbrücken

Haben Sie auch schon bemerkt, dass Sie Schweigen als wirksame Waffe einsetzen können? Oder ziehen Sie es vor, den anderen mit einem Redeschwall zu überschwemmen? Denken Sie sehr viel und halten so Ihre Gefühle in Schach? Oder lassen Sie diesen freien Lauf, unfähig, einen klaren Gedanken zu fassen und zu formulieren, und kommen sich dabei dumm und unwissend vor? Gefühlstiefe und Intellekt sind zwei Bereiche, die fast nicht zusammenzubringen sind. Sie neigen dazu, sich mit dem einen zu identifizieren und Ihr zweites Gesicht zwar zu ahnen, aber nie ganz zum Zuge kommen zu lassen. Wenn Sie Menschen begegnen, die stark aus dem Kopf oder aus dem Bauch reagieren, gehen Sie oft in den anderen Pol. Beispielsweise erleben Sie, wie ein intellektueller Partner Ihre tiefsten Regungen und Sehnsüchte mit einem kühlen „Alles nur Gefühlsduselei“ abtötet. Sucht jedoch ein weinendes Kind Trost bei Ihnen, so wechseln Sie die Rolle und bringen klare Argumente und Ratschläge.

iv. Ein ernster und schwermütiger Wesenszug

Vermutlich haben Sie ein außerordentlich feines Gespür für Schwachstellen sowohl in Ihrem eigenen Leben und Wirken wie auch in demjenigen Ihrer Mitmenschen. Sie neigen dazu, Ihrer Umwelt gleichsam mit dem Seziermesser entgegenzutreten, und fordern absolute Klarheit. Ihre Neigung, das Negative hervorzuheben, kann Sie im Extremfall in die Lage der Braut von König Drosselbart bringen: Ihre Forderungen nach etwas Perfektem sind zu groß, als dass Ihnen das Leben überhaupt etwas bieten kann. So bedarf es vielleicht einiger bitterer Pillen, um einen überhöhten Anspruch ans Leben in gemäßigte Bahnen zu lenken und sich und die anderen wirklich leben zu lassen. Vor allem, wenn Sie versuche, Sicherheit im Materiellen zu erlangen, oder wenn Sie allzu sehr am Jetzt-Zustand festhalten, tritt die Forderung nach messerscharfer Klarheit über die eigenen unterdrückten Impulse umso vehementer durch äußere Erlebnisse auf Sie zu. Gelingt es Ihnen, die Tragik des menschlichen Daseins als eine nicht zu verleugnende Tatsache zu akzeptieren und sich gleichsam auf das Dämmerlicht einzustellen, können Sie Ihre Kräfte voll entfalten. Dies heißt nicht, dass es Ihnen schlecht gehen muss, damit Sie aufwachen und zu einer Höchstleistung fähig werden. Doch verfügen Sie über eine Art melancholische Grundstimmung, die ein besonders fruchtbarer Boden für Kreativität und jegliche Ausdrucksformen Ihrer Persönlichkeit abgibt.

v. Ein Sog nach innen

Das Tor zum Irrealen, zu archetypischen Bildern und Symbolen, zu Traum und Fantasie steht offen und lädt zum Eintreten ein. In der dahinter liegenden Welt gibt es keine rationalen Gesetzmäßigkeiten und auch keine Unterschiede zwischen Ich-hier-drinnen und Die-anderen-da-draußen. Dies mag Sie verunsichern. Vielleicht zögern Sie immer wieder, sich dieser inneren Welt hinzugeben. Vielleicht fühlt Ihr Ego sich bedroht, dass Sie grundsätzlich alles Irrationale ablehnen und lieber ganz auf dem Boden der realen Welt verbleiben. Dies würde Sie viel Energie kosten. Die Sehnsucht nach dem Namenlosen würde Sie letztlich doch erfassen und beispielsweise in depressive Zustände oder Missbrauch von Alkohol und anderen Drogen ziehen. Eine bewusste Auseinandersetzung mit Ihrer tiefgründigen Seite dagegen vermag Ihnen den Zugang zu einer kreativen, weiblichen Urkraft zu vermitteln. Etwas, das stärker ist als das Ich, als Vernunft und Planung, greift immer wieder in Ihr Leben ein, wirft das Steuer scheinbar mutwillig herum und lässt Sie zerbrechen, wenn Sie allzu stur auf einem einmal eingeschlagenen Kurs beharren. Liebe und Hass mögen oft nahe beieinander liegen. Manche rosarote Illusion mag unter den leidenschaftlichen Stürmen des Daseins zerbrechen und Ihnen gerade dadurch den Weg zu den eigenen Tiefen der Seele freigeben. Sind Sie flexibel und hingebungsvoll genug, sich von den Wellen des Schicksals tragen zu lassen, so können Sie immer mehr die Weisheit erkennen, die allem Sein zugrunde liegt.

Printed by Books on Demand GmbH, Norderstedt / Germany